Impressum
Verlag: BABADADA GmbH, Nedderfeld 112 , 22529 Hamburg
Geschäftsführer / Verlagsleitung: Harald Hof
Druck: Books on Demand GmbH, In de Tarpen 42, 22848 Norderstedt

Imprint
Publisher: BABADADA GmbH, Nedderfeld 112 , 22529 Hamburg, Germany
Managing Director / Publishing direction: Harald Hof
Print: Books on Demand GmbH, In de Tarpen 42, 22848 Norderstedt

教室
sală de clasă

除
a împărți

186/2

校園
curte a școlii

黑板
tablă

老師
profesor

紙
hârtie

書寫
a scrie

筆
instrument de scris

書桌
masă de birou

直尺
riglă

書
carte

學生
elev

書包

ghiozdan

鉛筆盒

penar

鉛筆

creion

削鉛筆機

ascuțitoare

橡皮擦

radieră

畫板

bloc de desen

圖畫
desen

畫筆
pensulă

顏料盒
cutie de acuarele

剪刀
foarfece

膠水
lipici

練習冊
caiet de exerciții

家庭作業
temă

數字
număr

加
a aduna

減
a scădea

乘
a multiplica

計算
a calcula

字母
literă

字母表
alfabet

hello

字
cuvânt

課文

text

讀

a citi

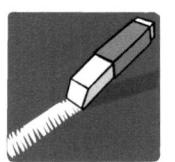

粉筆

cretă

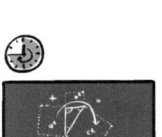

上課

oră

登記

catalog

考試

examen

證書

certificat

校服

uniformă școlară

教育

educație

百科全書

enciclopedie

大學

universitate

顯微鏡

microscop

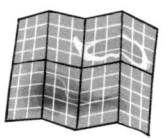

地圖

hartă

廢紙簍

coș de gunoi

旅行
călătorie

飯店
hotel
Grand
青年旅社
hostel
ROOMS
外幣兌換處
casă de schimb valutar
EXCHANGE
手提箱
valiză
汽車
autovehicul

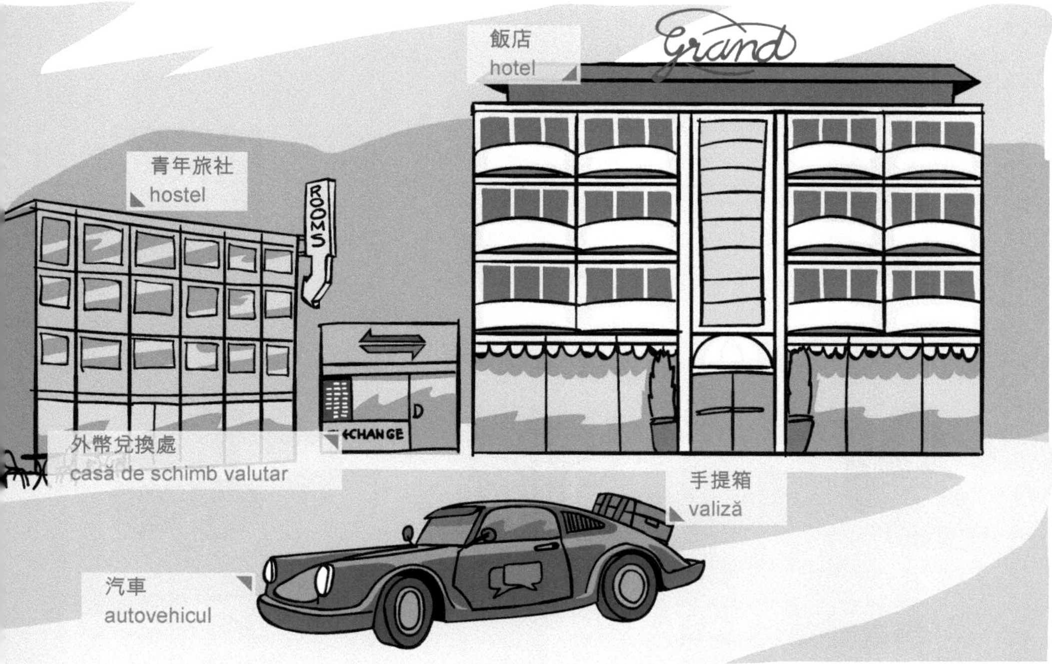

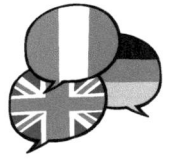

語言

limbă

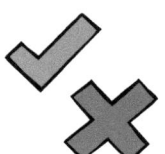

是/否

da/nu

好的

okay

您好

Bună!

翻譯人員

interpret

謝謝

mulțumesc

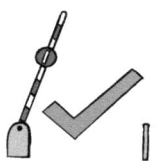

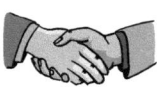

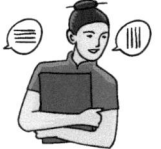

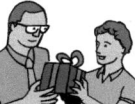

……多少錢？

Cât costă...?

我不明白

Nu înțeleg

問題

problemă

晚上好！

Bună seara!

早上好！

Bună dimineața!

晚安！

Noapte bună!

再見

la revedere

方向

direcție

行李

bagaj

包

geantă

背包

rucsac

客人

oaspete

房間

cameră

睡袋

sac de dormit

帳篷

cort

旅行資訊
punct de informare turistică

海灘
plajă

信用卡
carte de credit

早餐
mic dejun

午餐
masa de prânz

晚餐
cină

票
bilet de călătorie

電梯
lift

郵票
timbru poștal

邊界
graniță

海關
vamă

大使館
ambasadă

簽證
viză

護照
pașaport

transport

船
vas

飛機
avion

消防車
mașină de pompieri

卡車
camion

公車
autobuz

汽艇
șalupă

腳踏車
bicicletă

汽車
autovehicul

渡輪

feribot

小船

barcă

機車

motocicletă

警車

mașină de poliție

賽車

mașină de curse

租車

mașină închiriată

拼車
car sharing

拖車
mașină de tractat

垃圾車
mașină de gunoi

馬達
motor

汽油
combustibil

加油站
benzinărie

交通標識
semn de circulație

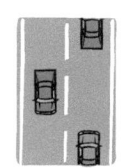

交通
trafic

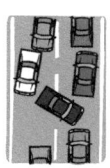

交通堵塞
ambuteiaj

停車場
parcare

火車站
gară

軌道
șine

火車
tren

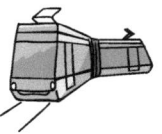

路面電車
tramvai

客車廂
vagon

直升機

elicopter

機場

aeroport

塔

turn

乘客

pasager

集裝箱

container

紙板箱

carton

手推車

căruță

籃子

coș

起飛/降落

a decola/a ateriza

城市

oraș

村莊

sat

市中心

centru

房子

casă

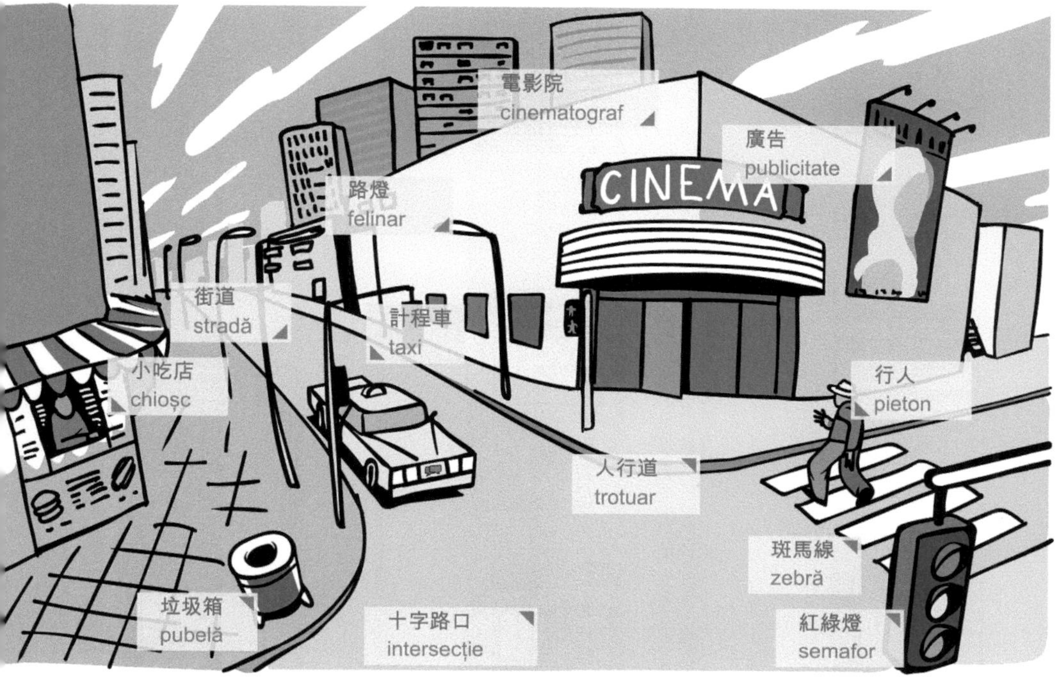

電影院
cinematograf
廣告
publicitate
CINEMA
路燈
felinar
街道
stradă
計程車
taxi
小吃店
chioșc
行人
pieton
人行道
trotuar
斑馬線
zebră
垃圾箱
pubelă
十字路口
intersecție
紅綠燈
semafor

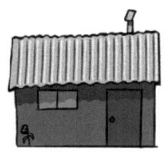

小屋

cabană

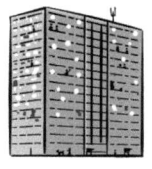

公寓

apartament

火車站

gară

市政廳

primărie

MUSEUM

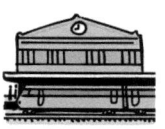

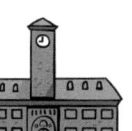

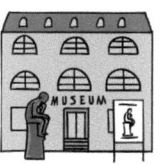

博物館

muzeu

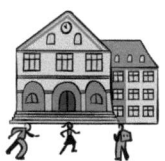

學校

școală

大學

universitate

銀行

bancă

醫院

spital

飯店

hotel

藥房

farmacie

辦公室

birou

書店

librărie

商店

magazin

花店

florărie

超市

supermarket

市場

piață

百貨商店

magazin universal

魚店

comerciant de pește

購物中心

centru comercial

海港

port

公園
parc

長凳
bancă

橋
pod

樓梯
trepte

捷運
metrou

隧道
tunel

公車站
staţie de autobuz

酒吧
bar

餐館
restaurant

郵筒
cutie poștală

路標
tăbliță indicatoare cu
numele străzii

停車計時器
parcometru

動物園
grădină zoologică

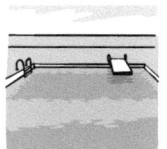

游泳池
piscină

清真寺
moschee

農場

gospodărie țărănească

污染

poluare

墓地

cimitir

教堂

biserică

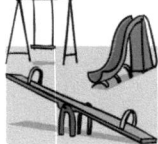

操場

loc de joacă

寺廟

templu

地形

peisaj

樹葉
frunză

指示牌
indicator

路
drum

草地
pajiște

石頭
piatră

徒步旅行
者
drumeț

樹
copac

河
râu

草
iarbă

花
floare

峽谷

vale

丘陵

deal

湖

lac

森林

pădure

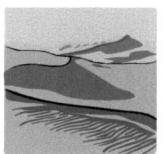

沙漠

deşert

火山

vulcan

城堡

castel

彩虹

curcubeu

蘑菇

ciupercă

棕櫚樹

palmier

蚊子

ţânţar

蒼蠅

muscă

螞蟻

furnică

蜜蜂

albină

蜘蛛

păianjen

甲蟲

gândac

青蛙

broască

松鼠

veveriță

刺蝟

arici

野兔

iepure

貓頭鷹

bufniță

鳥

pasăre

天鵝

lebădă

野豬

porc mistreț

鹿

cerb

麋鹿

elan

水壩

dig

風力發電機

turbină eoliană

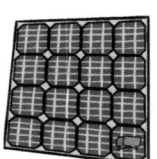

太陽能電池板

panou solar

氣候

climă

餐館
restaurant

服務生
chelnăr
菜譜
meniu
椅子
scaun
湯
supă
披薩餅
pizza
桌布
față de masă
餐具
tacâmuri

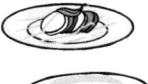

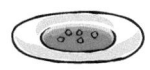

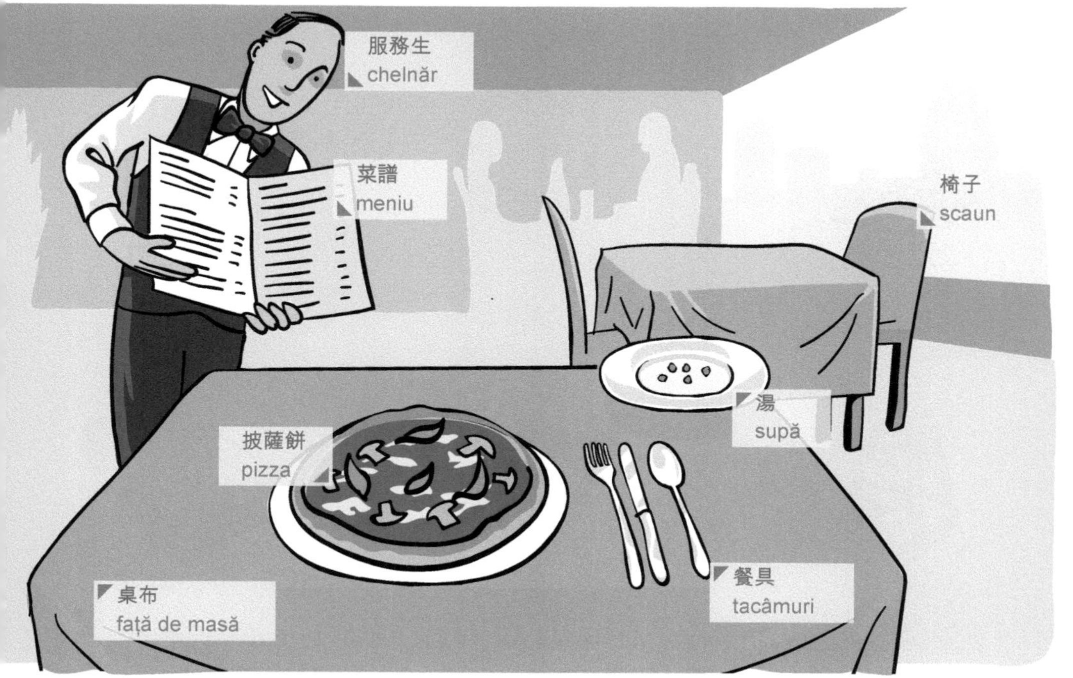

前菜
antreu

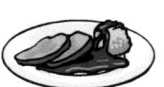

主菜
fel principal

甜點
desert

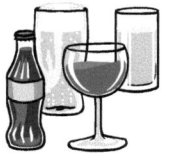

飲料
băuturi

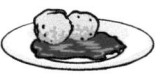

食物
mâncare

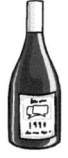

瓶子
sticlă

速食

fastfood

街邊小吃

streetfood

茶壺

ceainic

糖盒

zaharniță

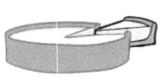

一份飯菜

porție

義式咖啡機

espressor

高腳椅

scaun înalt (pentru copii)

帳單

factură

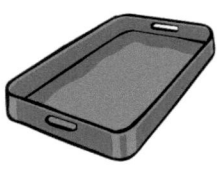

托盤

tavă

刀

cuțit

餐叉

furculiță

勺子

lingură

茶匙

linguriță

餐巾

șervețel

玻璃杯

pahar

碟子

farfurie

湯盤

farfurie de supă

碟子

farfurie

醬

sos

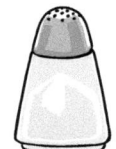

鹽瓶

solniță

胡椒研磨罐

râșniță de piper

醋

oțet

食用油

ulei

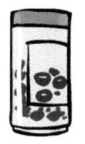

調味料

condimente

番茄醬

ketchup

芥末

muștar

美乃滋

maioneză

超市

supermarket

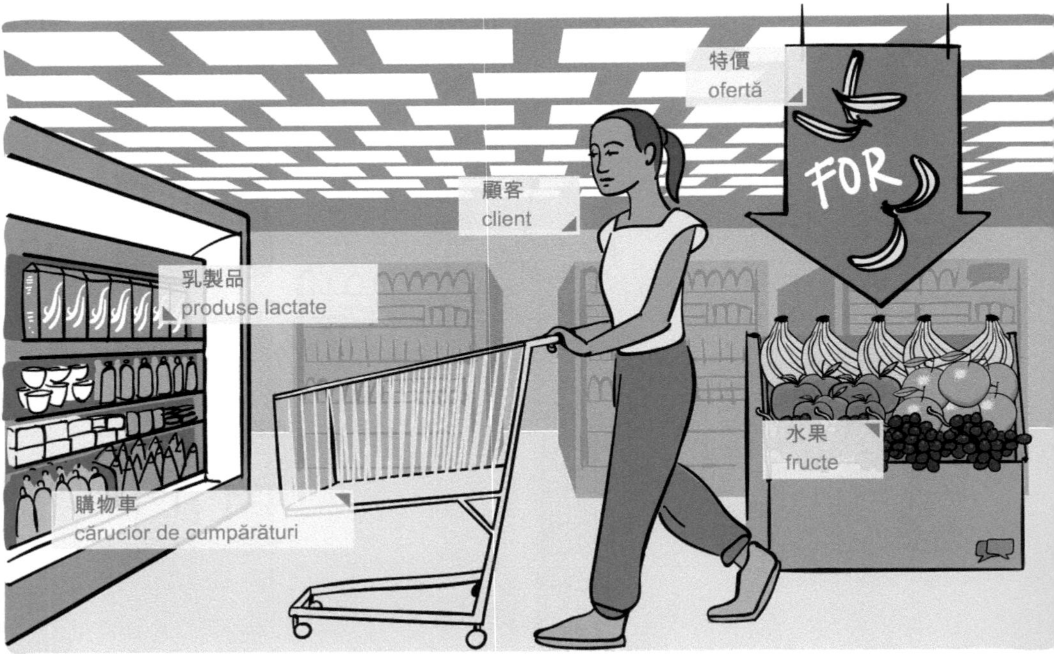

特價
ofertă
FOR
顧客
client
乳製品
produse lactate
水果
fructe
購物車
cărucior de cumpărături

BUTCHERS

肉鋪

măcelărie

BAKERY

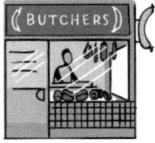

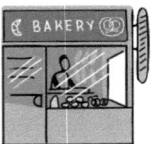

麵包店

brutărie

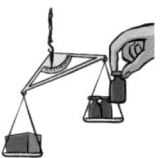

稱重

a cântări

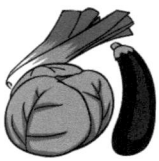

蔬菜

legume

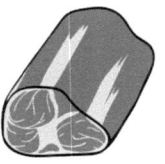

肉

carne

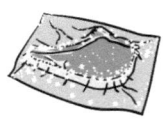

冷凍食品

alimente refrigerate

冷盤
mezeluri și brânzeturi feliate

罐頭食品
conserve

洗衣粉
detergent

甜食
dulciuri

日用品
articole de menaj

清潔用品
produse de curățenie

銷售員
vânzătoare

收銀機
casă

收銀員
casier

購物清單
listă de cumpărături

開放時間
orar

錢包
portmoneu

信用卡
carte de credit

袋子
geantă

塑膠袋
pungă de plastic

超市 - supermarket

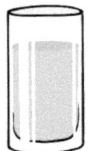

水
apă

果汁
suc

牛奶
lapte

可樂
cola

紅酒
vin

啤酒
bere

酒
alcool

可可
cacao

茶
ceai

咖啡
cafea

義式濃縮咖啡
espresso

卡布奇諾
cappucino

香蕉

banane

蘋果

măr

柳丁

portocală

西瓜

pepene

檸檬

lămâie

胡蘿蔔

morcov

大蒜

usturoi

竹子

bambus

洋蔥

ceapă

蘑菇

ciupercă

堅果

nuci

麵條

paste făinoase

義大利麵

spagheti

米飯

orez

沙拉

salată

薯條

cartofi prăjiți

炸馬鈴薯

cartofi țărănești

披薩餅

pizza

漢堡

hamburger

三明治

sandwich

炸豬排

șnițel

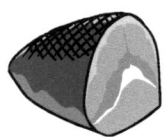

火腿

șuncă

義大利臘腸

salam

香腸

cârnați

雞肉

pui

烤肉

friptură

魚

pește

燕麥片

fulgi de ovăz

木斯里

musli

玉米片

cereale

麵粉

făină

牛角麵包

corn

麵包捲

chifle

麵包

pâine

吐司

pâine prăjită

餅乾

biscuiți

奶油

unt

凝乳

brânză de vaci

蛋糕

prăjitură

蛋

ou

煎蛋

ouă ochiuri

起司

brânză

冰淇淋

îngheţată

糖

zahăr

蜂蜜

miere

果醬

marmeladă

巧克力醬

cremă nuga

咖哩

curry

gospodărie ţărănească

農舍
casă ţărănească

糧倉
şură

稻草捆
balot de paie

田野
câmp

馬
cal

拖車
remorcă

馬駒
mânz

拖拉機
tractor

驢
măgar

羊
oaie

羔羊
miel

山羊

capră

奶牛

vacă

小牛

viţel

豬

porc

小豬

purcel

公牛

taur

鵝
găină

鴨
rață

小雞
pui

母雞
găină

公雞
cocoș

鼠
șobolan

貓
pisică

老鼠
șoarece

牛
bou

狗
câine

狗屋
cușcă

花園澆水軟管
furtun de grădină

澆水壺
stropitoare

長柄大鐮刀
coasă

犁
plug

鐮刀

seceră

鋤頭

sapă

長柄草耙

furcă

斧頭

secure

獨輪手推車

roabă

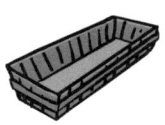

飼料槽

troacă

牛奶罐

cană pentru lapte

麻布袋

sac

柵欄

gard

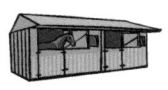

馬廏

grajd

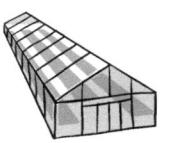

溫室

seră

土壤

sol

種子

sămânță

肥料

fertilizator

聯合收割機

combină de treierat

收割

a culege

收割

recoltă

地瓜

cartof yam

小麥

grâu

大豆

soia

土豆

cartof

玉米

porumb

油菜籽

rapiță

果樹

pom fructifer

樹薯

manioc

穀物

cereale

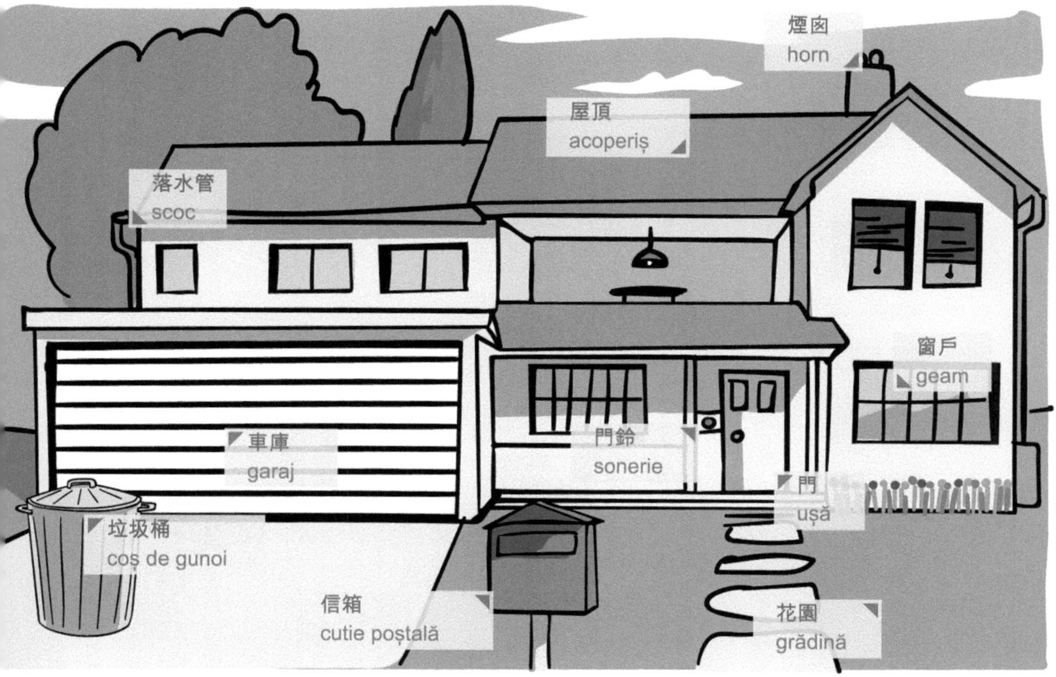

煙囪
horn

屋頂
acoperiş

落水管
scoc

窗戶
geam

車庫
garaj

門鈴
sonerie

門
uşă

垃圾桶
coş de gunoi

信箱
cutie poştală

花園
grădină

客廳
cameră de zi

浴室
baie

廚房
bucătărie

臥室
dormitor

兒童房
camera copiilor

餐廳
sufragerie

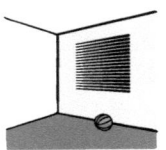

地板

podea

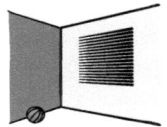

牆壁

perete

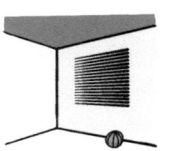

天花板

tavan

地窖

pivniță

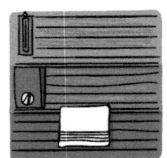

三溫暖

saună

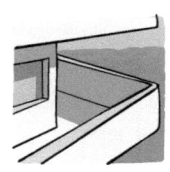

陽臺

balcon

露臺

terasă

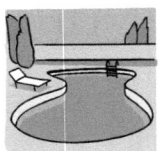

游泳池

piscină

割草機

mașină de tuns iarba

被單

cearșaf

床罩

cuvertură

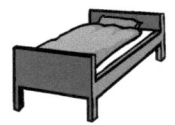

床

pat

掃帚

mătură

水桶

găleată

開關

întrerupător

客廳
cameră de zi

壁紙
tapet
相片
pictură
檯燈
lampă
擱架
raft
櫥櫃
dulap
電視
televizor
壁爐
șemineu
花
floare
墊子
pernă
沙發
sofa
花瓶
vază
遙控器
telecomandă

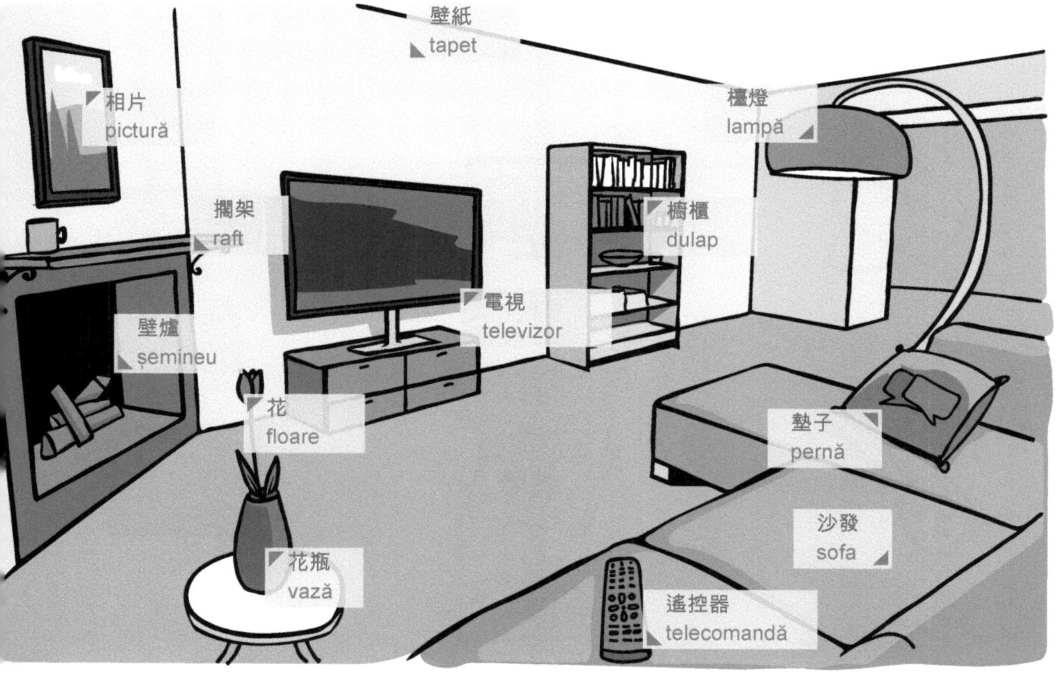

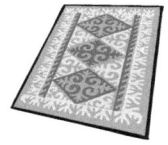

地毯

covor

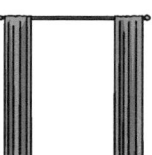

窗簾

perdea

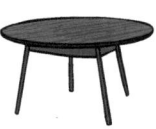

餐桌

masă

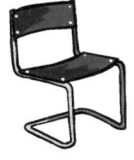

椅子

scaun

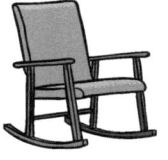

搖椅

balansoar

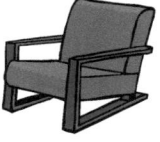

扶手椅

fotoliu

書
carte

毯子
pătură

裝飾品
decoraţiune

木柴
lemn de foc

電影
film

高傳真音響
instalaţie stereo

鑰匙
cheie

報紙
ziar

油畫
desen

海報
poster

收音機
radio

筆記本
caiet de notiţe

吸塵器
aspirator

仙人掌
cactus

蠟燭
lumânare

廚房
bucătărie

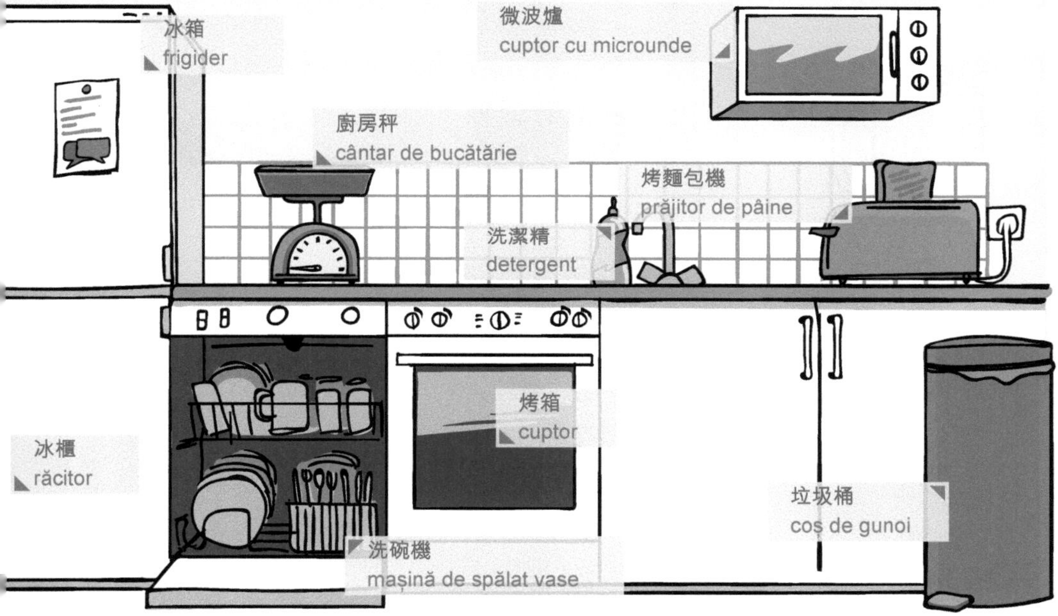

冰箱
frigider
微波爐
cuptor cu microunde
廚房秤
cântar de bucătărie
烤麵包機
prăjitor de pâine
洗潔精
detergent
烤箱
cuptor
冰櫃
răcitor
垃圾桶
coș de gunoi
洗碗機
mașină de spălat vase

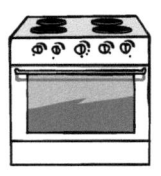

炊具
cuptor

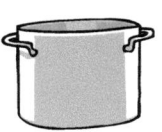

鍋
oală

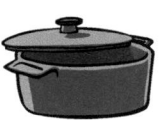

鑄鐵鍋
oală de metal

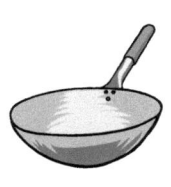

炒鍋
wok/kadai

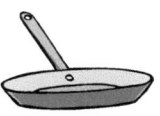

平底鍋
tigaie

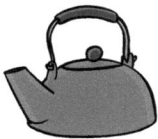

水壺
ceainic

蒸鍋

oală de gătit cu aburi

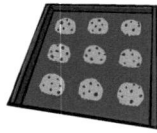

烤盤

tavă de copt

陶瓷鍋

veselă

馬克杯

pahar

碗

bol

筷子

bețișoare

長柄勺

polonic

鏟子

spatulă

攪拌器

tel

濾網

sită

篩子

sită

磨碎機

răzătoare

研缽

mojar

燒烤

grătar

明火

loc pentru grătar

菜板

tocător

擀麵杖

sucitor

開瓶器

tirbușon

罐子

conservă

開罐器

deschizător de conserve

隔熱手套

șervete termice

水槽

chiuvetă

刷子

perie

海綿

burete

攪拌機

mixer

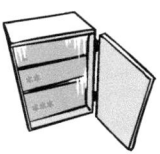

冷藏箱

ladă frigorifică

奶瓶

biberon

水龍頭

robinet

淋浴
duș

供暖裝置
încălzire

毛巾
prosop

浴簾
perdea de duș

泡沫浴
baie cu spumă

浴缸
cadă

玻璃杯
pahar

洗衣機
mașină de spălat

瓷磚
gresie

水龍頭
robinet

便壺
oală de noapte

水槽
chiuvetă

廁所
toaletă

蹲便器
toaletă turcească

坐浴器
bideu

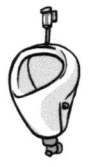

小便斗
pisoir

廁紙
hârtie igienică

馬桶刷
perie de toaletă

牙刷

periuță de dinți

牙膏

pastă de dinți

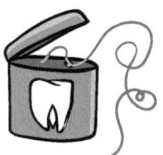

牙線

ață dentară

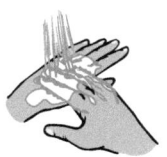

洗

a spăla

手持式蓮蓬頭

cap de duș

沖洗器

duș intim

洗臉盆

lavoar

洗背刷

perie pentru spate

肥皂

săpun

沐浴露

gel de duș

洗髮乳

șampon

法蘭絨

cârpă de spălat

排水

scurgere

乳霜

cremă

除臭劑

deodorant

鏡子

oglindă

手鏡

oglindă cosmetică

刮鬍刀

aparat de ras

刮鬍泡沫

spumă de ras

鬍後水

aftershave

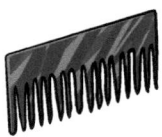

梳子

pieptene

刷子

perie

吹風機

uscător de păr

噴髮定型劑

fixator

化妝品

machiaj

唇膏

ruj

指甲油

lac de unghii

化妝棉

vată

指甲剪

foarfece de unghii

香水

parfum

洗漱包

neseser

凳子

taburet

計重秤

cântar

浴袍

halat de baie

橡膠手套

mănuși de cauciuc

衛生棉條

tampon

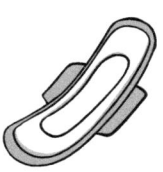

衛生棉

tampon

化學廁所

toaletă chimică

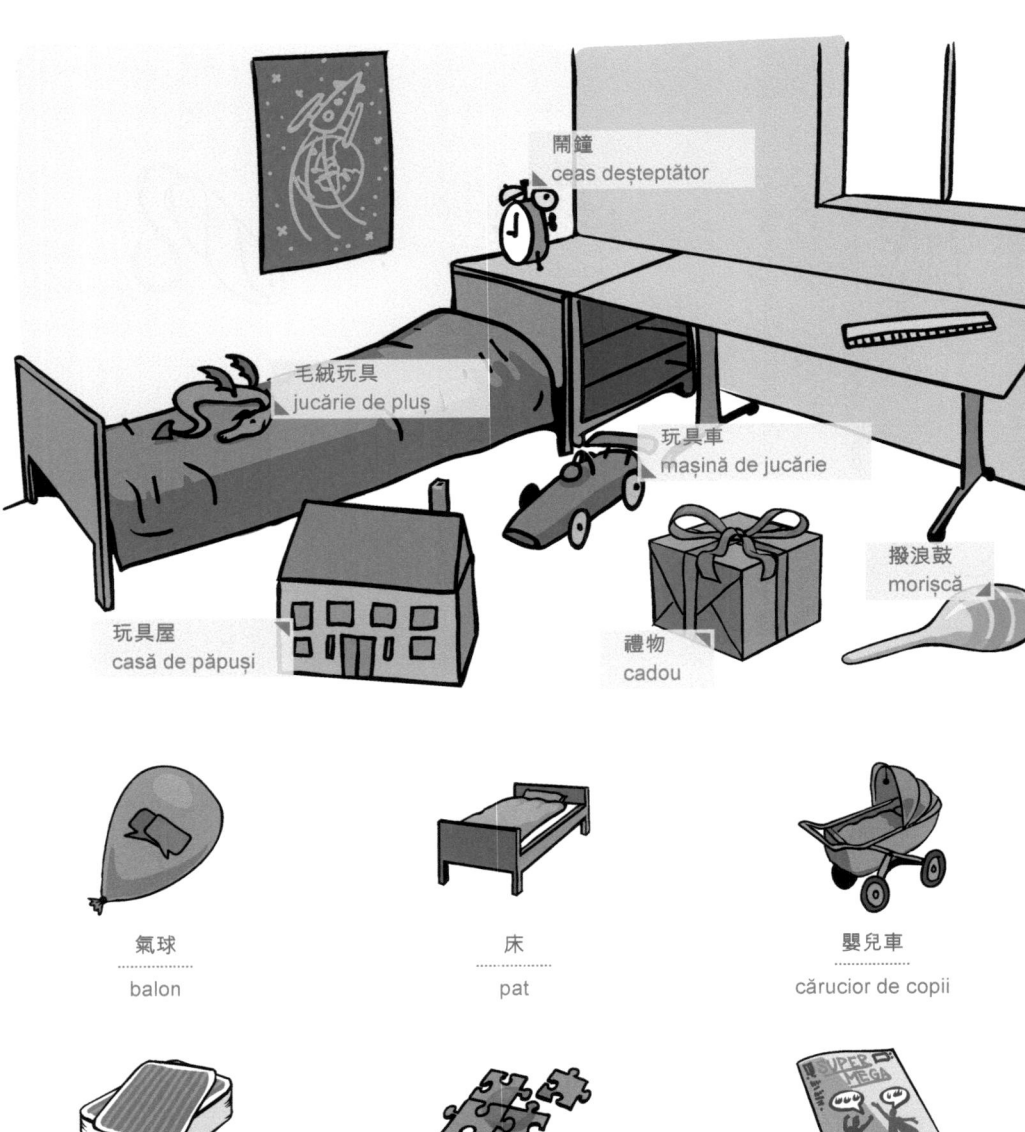

鬧鐘
ceas deșteptător

毛絨玩具
jucărie de pluș

玩具車
mașină de jucărie

撥浪鼓
morișcă

玩具屋
casă de păpuși

禮物
cadou

氣球
balon

床
pat

嬰兒車
cărucior de copii

撲克牌
joc de cărți

拼圖
puzzle

漫畫
revistă de benzi desenate

樂高積木

cuburi lego

積木玩具

piese pentru construcții

公仔

personaj din filmele de acțiune

嬰兒服

body

飛盤

frisbee

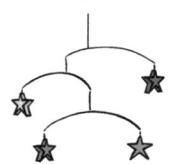

床鈴玩具

mobil

棋盤遊戲

joc de societate

骰子

zar

火車模型

set trenuleț de jucărie

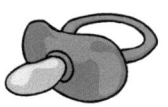

安撫奶嘴

suzetă

派對

petrecere

繪本

carte cu poze

球

minge

洋娃娃

păpușă

玩

a se juca

沙坑

groapă de nisip

鞦韆

leagăn

玩具

jucării

電玩遊戲

consolă video

三輪車

tricicletă

泰迪熊

ursuleț

衣櫃

dulap

衣服

îmbrăcăminte

襪子

șosete

長襪

ciorapi

緊身褲

dres

圍巾
şal

雨傘
umbrelă

皮帶
curea

T恤
tricou

運動鞋
pantofi sport

靴子
cizme

拖鞋
papuci

涼鞋
sandale

鞋
încălțăminte

雨靴
cizme de cauciuc

內褲
chilot

胸罩
sutien

背心
maiou

衣服 - îmbrăcăminte

45

身體
body

褲子
pantaloni

牛仔褲
blugi

短裙
fustă

女式襯衫
bluză

襯衫
cămașă

套頭衫
pulover

連帽上衣
jerseu

西裝夾克
sacou

夾克
jachetă

外套
palton

雨衣
pelerină de ploaie

套裝
costum

連衣裙
rochie

婚紗
rochie de mireasă

西裝

costum

睡袍

cămașă de noapte

睡衣

pijama

莎麗

sari

頭巾

batic

包頭巾

turban

波卡

burka

卡夫坦

caftan

(阿拉伯式)長袍

abaya

泳衣

costum de baie

男式泳褲

șort

短褲

pantaloni scurți

運動服

trening

圍裙

șorț

手套

mănuși

鈕扣

nasture

眼鏡

ochelari

手鏈

brățară

項鍊

lanț

戒指

inel

耳環

cercel

便帽

căciulă

衣架

umeraș

帽子

pălărie

領帶

cravată

拉鍊

fermoar

安全帽

cască

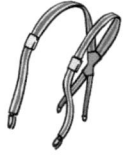

背帶

bretele

校服

uniformă școlară

制服

uniformă

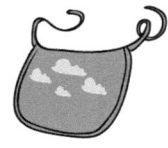

圍兜

bavețică

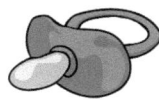

安撫奶嘴

suzetă

尿布

scutec

辦公室

birou

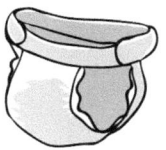

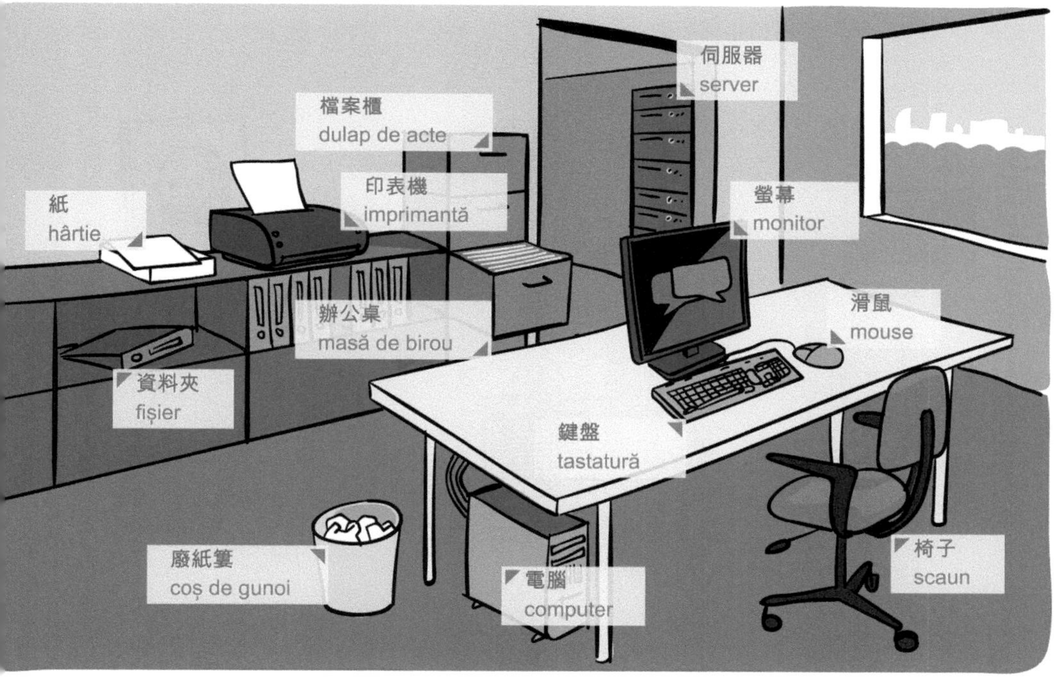

伺服器
server
檔案櫃
dulap de acte
印表機
imprimantă
紙
hârtie
螢幕
monitor
滑鼠
mouse
辦公桌
masă de birou
資料夾
fișier
鍵盤
tastatură
廢紙簍
coș de gunoi
電腦
computer
椅子
scaun

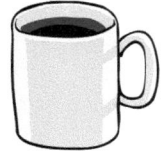

咖啡杯

ceașcă de cafea

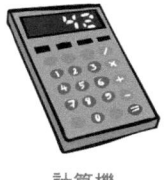

計算機

calculator

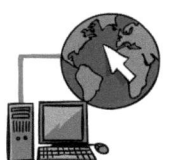

網際網路

internet

筆記型電腦
laptop

信件
scrisoare

簡訊
mesaj

行動電話
telefon mobil

網路
reţea

影印機
copiator

軟體
software

電話
telefon

插座
priză

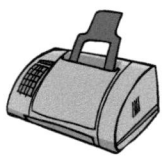

傳真機
fax

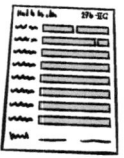

表格
formular

檔案
document

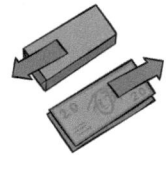

買

a cumpăra

付錢

a plăti

交易

a face comerţ

現金

bani

美元

Dolar

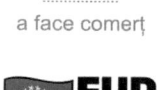

歐元

Euro

日元

Yen

盧布

Rublă

瑞士法郎

Franc Elveţian

人民幣

renminbi yuan

盧比

Rupie

提款處

bancomat

外幣兌換處

casă de schimb valutar

金

aur

銀

argint

石油

petrol

能源

energie

價格

preţ

合約

contract

稅金

impozit

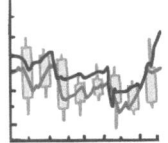

股票

acţiune

工作

a munci

職員

angajat

老闆

angajator

工廠

fabrică

商店

magazin

ocupaţii

消防員
pompier

警官
polițist

醫師
medic

廚師
bucătar

飛行員
pilot

園丁

grădinar

木匠

tâmplar

裁縫

cusătoreasă

法官

judecător

化學家

chimist

演員

actor

公車司機

șofer de autobuz

計程車司機

șofer de taxi

漁夫

pescar

清洗女工

femeie de serviciu

屋頂工

tinichigiu

服務生

chelnăr

獵人

vânător

畫家

pictor

麵包師

brutar

電工

electrician

建築工人

muncitor în construcții

工程師

inginer

屠夫

măcelar

水管工

instalator

郵差

poștaș

士兵

soldat

建築師

arhitect

收銀員

casier

花農

florar

理髮師

frizer

售票員

controlor

機械技師

mecanic

船長

căpitan

牙醫

stomatolog

科學家

om de știință

拉比

rabin

伊瑪目

imam

和尚

călugăr

牧師

preot

instrumente

鐵錘
ciocan

鉗子
cleşte

螺絲起子
şurubelniţă

扳手
cheie

手電筒
lanternă

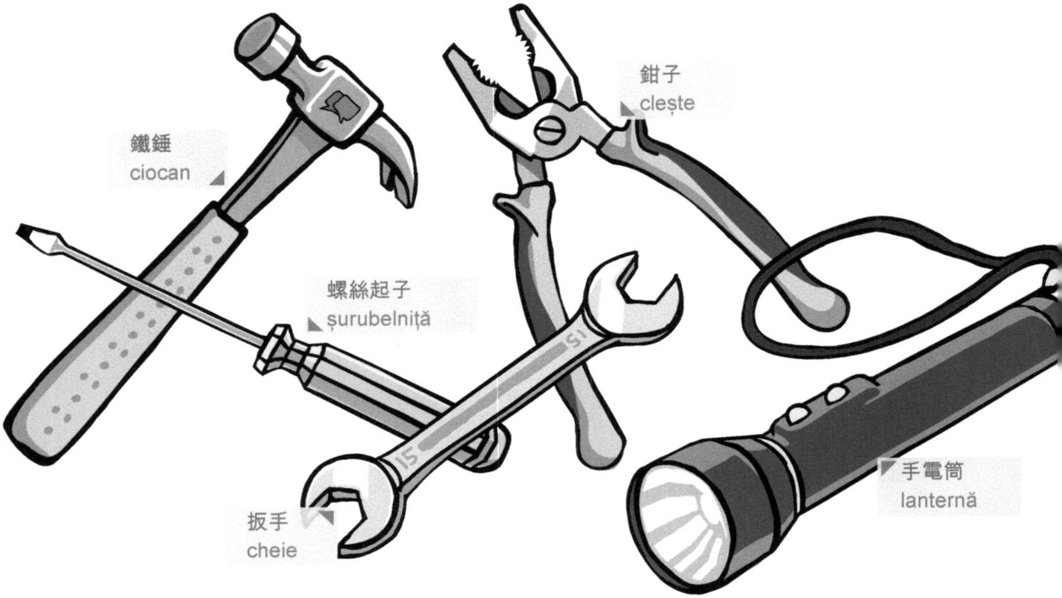

挖掘機

excavator

工具箱

cutie de scule

梯子

scară

鋸子

ferăstrău

釘子

cuie

鑽機

burghiu

修
a repara

鏟子
lopată

糟糕！
La naiba!

畚箕
făraș

油漆桶
vas pentru vopsea

螺絲
șuruburi

樂器
instrumente muzicale

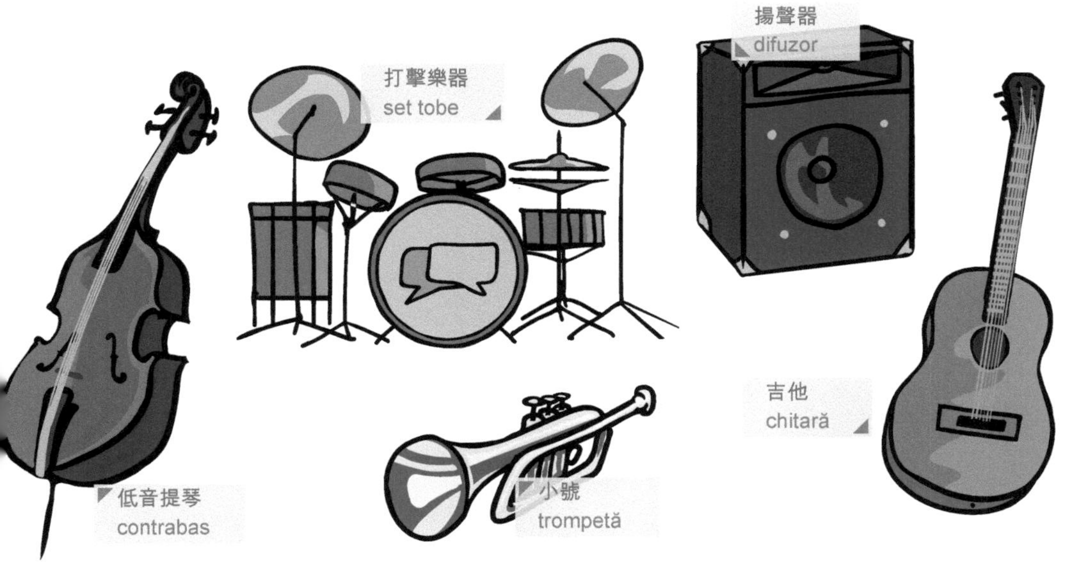

揚聲器
difuzor

打擊樂器
set tobe

吉他
chitară

低音提琴
contrabas

小號
trompetă

鋼琴

pian

小提琴

vioară

貝斯

bas

定音鼓

trombon

鼓

tobă

電子琴

keyboard

薩克斯風

saxofon

長笛

fluier

麥克風

microfon

grădină zoologică

老虎
tigru

入口
intrare

籠子
cușcă

斑馬
zebră

動物飼料
mâncare pentru animale

熊貓
panda

動物

animale

大象

elefant

袋鼠

cangur

犀牛

rinocer

大猩猩

gorilă

熊

urs

駱駝

cămilă

鴕鳥

struț

獅子

leu

猴子

maimuță

紅鶴

flamingo

鸚鵡

papagal

北極熊

urs polar

企鵝

pinguin

鯊魚

rechin

孔雀

păun

蛇

șarpe

鱷魚

crocodil

動物園管理員

îngrijitor grădina zoologică

海豹

focă

美洲豹

jaguar

動物園 - grădină zoologică

矮種馬

ponei

豹

leopard

河馬

hipopotam

長頸鹿

girafă

老鷹

acvilă

野豬

porc mistreț

魚

pește

龜

broască țestoasă

海象

morsă

狐狸

vulpe

羚羊

gazelă

橢欖球
fotbal american

騎腳踏車
ciclism

網球
tenis

籃球
basketball

游泳
înot

拳擊
box

冰球
hockey pe gheață

美式足球
fotbal

羽毛球
badminton

田徑
atletism

手球
handbal

滑雪
schi

馬球
polo

跳
a sări

擁抱
a îmbrăţişa

笑
a râde

走路
a merge

唱
a cânta

祈禱
a se ruga

親吻
a săruta

做夢
a visa

書寫
a scrie

畫
a desena

展示
a arăta

推
a împinge

給
a da

拿
a lua

有

a avea

做

a face

當

a fi

站

a sta în picioare

跑

a fugi

拉

a trage

丟

a arunca

摔倒

a cădea

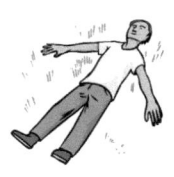

躺

a sta întins

等待

a aștepta

攜帶

a purta

坐

a ședea

穿衣

a se îmbrăca

睡覺

a dormi

醒來

a se trezi

看
a privi

哭
a plânge

擊
a mângâia

梳頭
a se pieptăna

交談
a vorbi

明白
a înțelege

問
a întreba

聽
a asculta

喝
a bea

吃
a mânca

清理
a face ordine

愛
a iubi

做飯
a găti

開車
a conduce

飛
a zbura

航行

a naviga

計算

a calcula

讀

a citi

學習

a învăța

工作

a munci

結婚

a se căsători

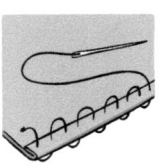

縫

a coase

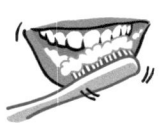

刷牙

a se spăla pe dinți

殺

a ucide

抽菸

a fuma

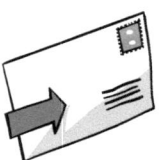

寄

a trimite

家
familie

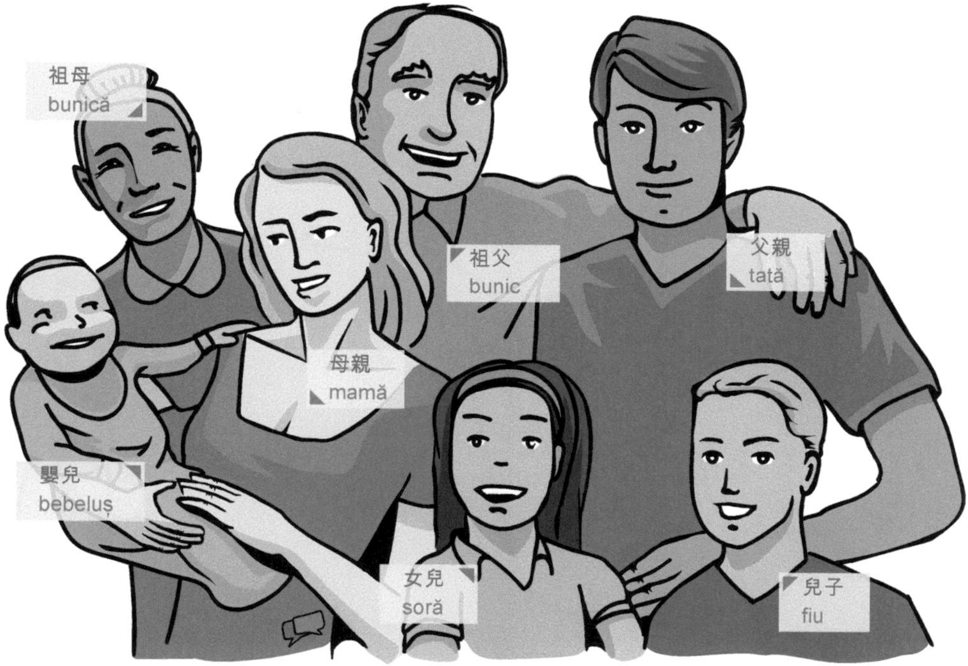
祖母
bunică
祖父
bunic
父親
tată
母親
mamă
嬰兒
bebeluș
女兒
soră
兒子
fiu

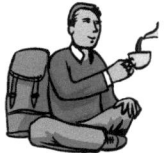

客人

oaspete

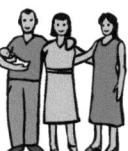

阿姨

mătușă

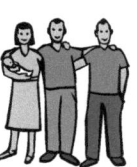

叔叔

unchi

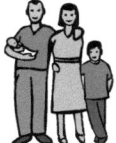

兄弟

frate

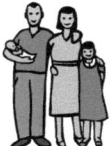

姐妹

soră

身體

corp

前額
frunte
眼睛
ochi
臉
față
下巴
bărbie
乳房
piept
手指
deget
手
mână
手臂
braț
肩膀
umăr
腿
picior

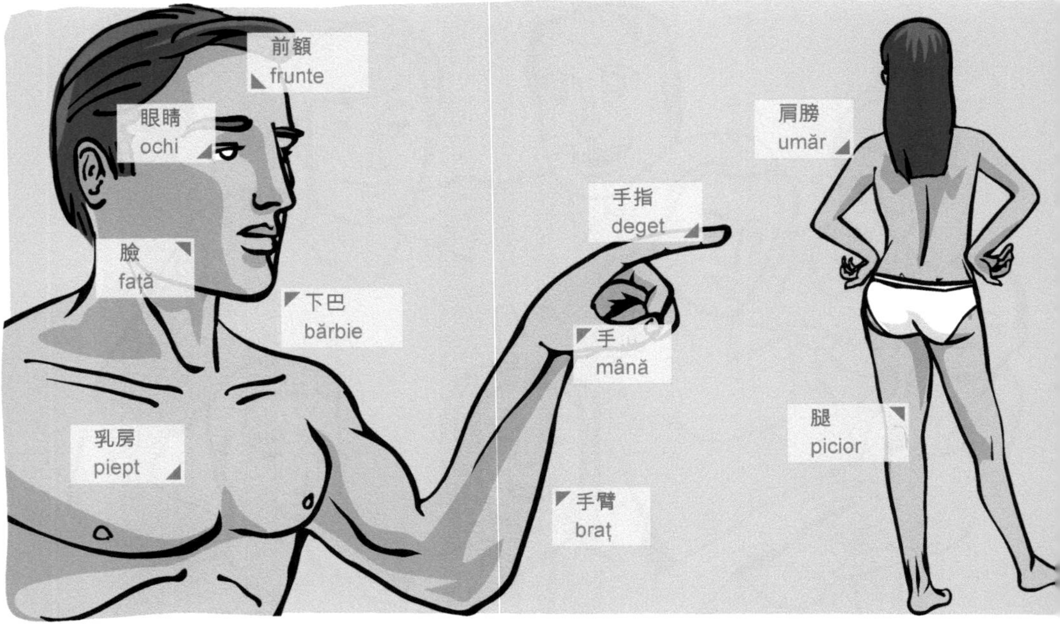

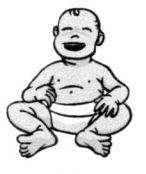

嬰兒

bebeluș

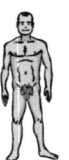

男人

bărbat

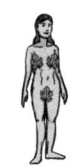

女人

femeie

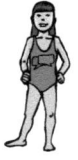

女孩

fată

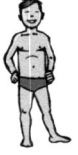

男孩

băiat

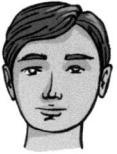

頭

cap

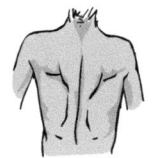

背部

spate

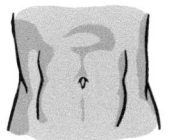

肚子

abdomen

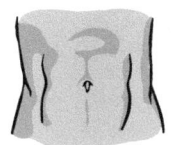

肚臍

ombilic

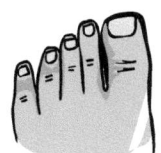

腳趾

deget de la picior

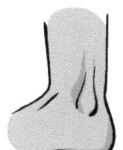

腳後跟

călcâi

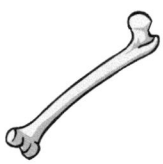

骨頭

os

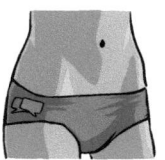

臀部

șold

膝蓋

genunchi

手肘

cot

鼻子

nas

屁股

fund

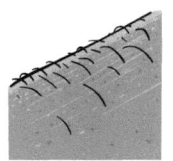

皮膚

piele

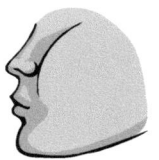

臉頰

obraz

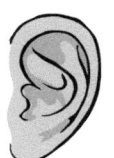

耳朵

ureche

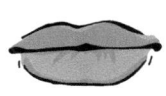

嘴唇

buză

身體 - corp

嘴
gură

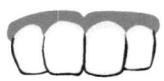

牙齒
dinte

舌頭
limbă

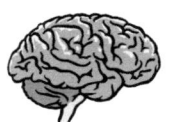

腦
creier

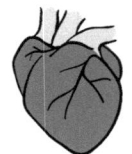

心臟
inimă

肌肉
mușchi

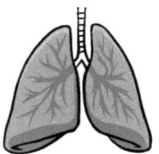

肺
plămân

肝臟
ficat

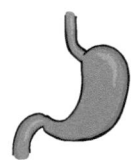

胃
stomac

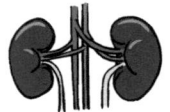

腎臟
rinichi

性交
sex

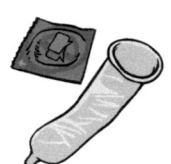

保險套
prezervativ

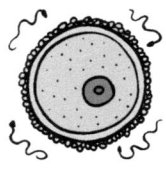

卵子
ovul

精子
spermă

懷孕
sarcină

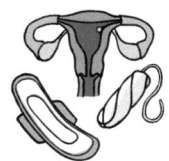

月事

menstruație

陰道

vagin

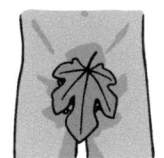

陰莖

penis

眉毛

sprânceană

頭髮

păr

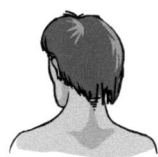

脖子

gât

醫院

spital

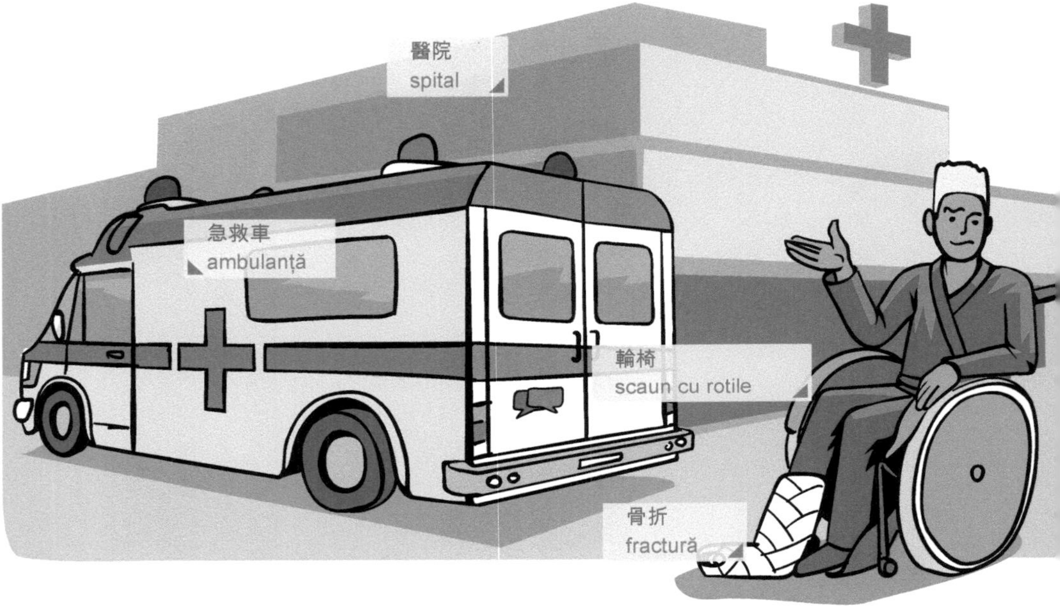

醫院
spital
急救車
ambulanță
輪椅
scaun cu rotile
骨折
fractură

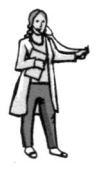

醫師

medic

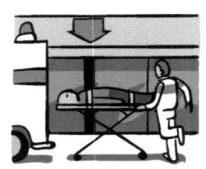

急診室

unitate de primiri urgențe

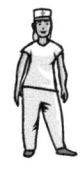

護理師

soră medicală

緊急情形

urgență

昏迷

inconștient

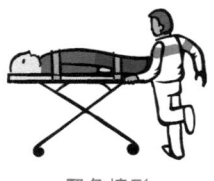

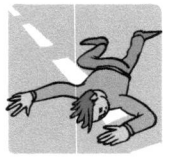

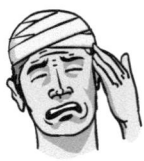

痛

durere

受傷

leziune

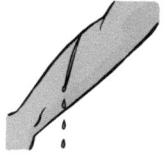

出血

sângerare

心臟病發作

infarct miocardic

中風

atac cerebral

過敏

alergie

咳嗽

tuse

發燒

febră

流感

gripă

腹瀉

diaree

頭痛

durere de cap

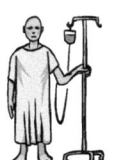

癌症

cancer

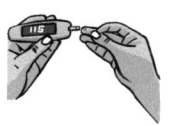

糖尿病

diabet

外科醫師

chirurg

手術刀

scalpel

手術

operație

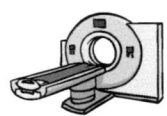

電腦斷層掃描

CT

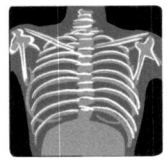

X光

raze Röntgen

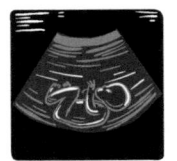

超音波

ultrasunet

口罩

mască

疾病

boală

候診室

sală de așteptare

拐杖

cârjă

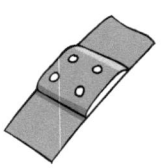

石膏

plasture

繃帶

bandaj

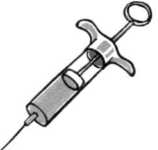

注射

injecție

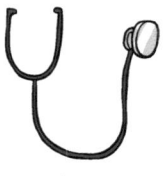

聽診器

stetoscop

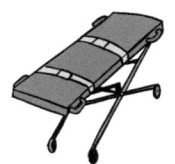

擔架

targă

體溫計

termometru

出生

naștere

超重

supraponderabilitate

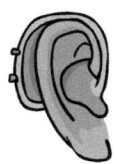

助聽器

aparat auditiv

消毒液

dezinfectant

感染

infecție

病毒

virus

愛滋病

HIV/SIDA

藥物

medicină

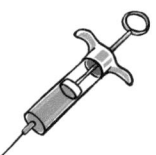

接種疫苗

vaccin

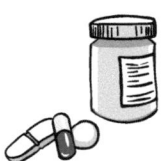

藥片

tablete

藥丸

pastilă

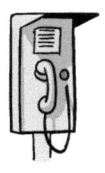

急救電話

apel de urgență

血壓計

aparat de măsurare a
presiunii arteriale

生病/健康

bolnav/sănătos

救命！

Ajutor!

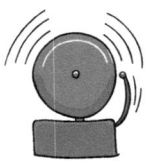

警報

alarmă

突擊

agresiune

攻擊

atac

危險

pericol

緊急出口

ieşire de urgenţă

失火了！

Foc!

滅火器

extinctor

意外

accident

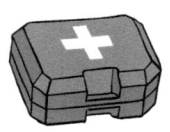

急救箱

trusă de prim-ajutor

呼救訊號

SOS

員警

poliţie

歐洲

Europa

北美洲

America de Nord

南美洲

America de Sud

非洲

Africa

亞洲

Asia

澳洲

Australia

大西洋

Altantic

太平洋

Pacific

印度洋

Oceanul Indian

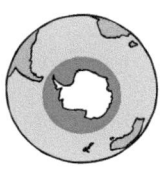

南冰洋

Oceanul Antarctic

北冰洋

Oceanul Arctic

北極

Polul Nord

南極
Polul Sud

南極洲
Antarctica

地球
pământ

陸地
ţară

海
mare

島
insulă

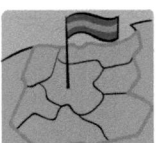

國家
naţiune

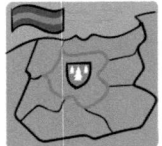

州
stat

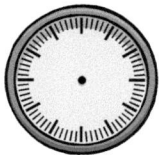

錶盤

cadran

時針

orar

分針

minutar

秒針

secundar

現在幾點？

Cât e ceasul?

天

zi

時間

timp

現在

acum

電子錶

cead digital

分

minut

時

oră

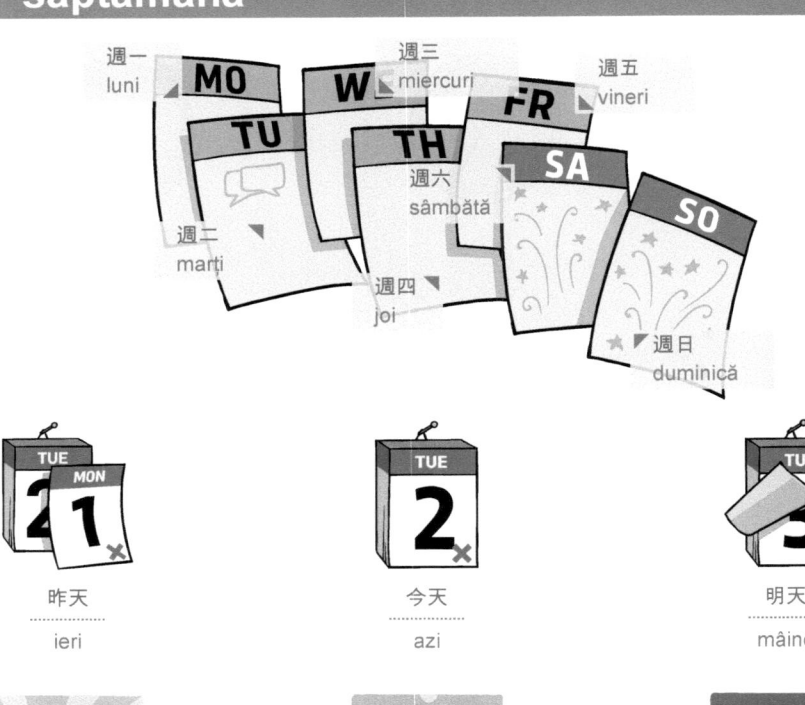

週一 luni · 週三 miercuri · 週五 vineri · 週二 marți · 週六 sâmbătă · 週四 joi · 週日 duminică

昨天
ieri

今天
azi

明天
mâine

早晨
dimineață

中午
amiază

晚上
seară

工作日
zile lucrătoare

週末
week-end

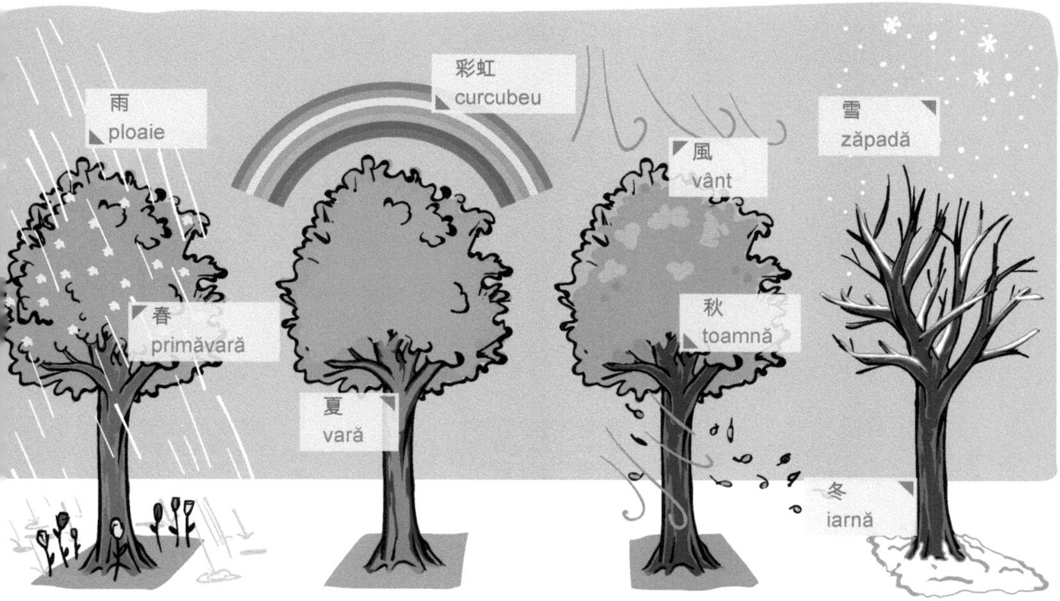

雨
▶ ploaie

彩虹
▶ curcubeu

風
▶ vânt

雪
zăpadă

春
primăvară

夏
vară

秋
▶ toamnă

冬
iarnă

4.APRIL	11°	☀
5.APRIL	4°	🌧
6.APRIL	13°	⛈
7.APRIL	8°	☀
8.APRIL	10°	☀

天氣預告

prognoză meteo

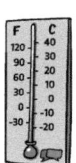

溫度計

termometru

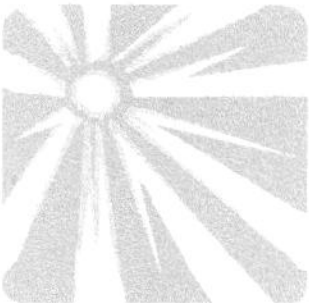

陽光

lumina soarelui

雲

nor

霧

ceață

潮濕

umiditate a aerului

閃電

fulger

打雷

tunet

風暴

furtună

冰雹

grindină

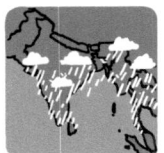

季風

muson

洪水

inundație

冰

gheață

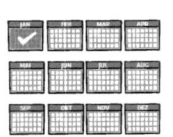

一月

ianuarie

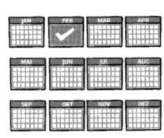

二月

februarie

三月

martie

四月

aprilie

五月

mai

六月

iunie

七月

iulie

八月

august

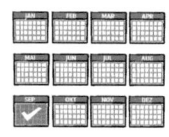

九月

septembrie

十月

octombrie

十一月

noiembrie

十二月

decembrie

形狀
forme

圓形

cerc

正方形

pătrat

長方形

dreptunghi

三角形

triunghi

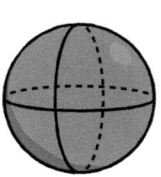

球體

sferă

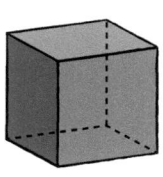

立方體

cub

白

alb

黃

galben

橙

portocaliu

粉

roz

紅

roșu

紫

violet

藍

albastru

綠

verde

棕

maro

灰

gri

黑

negru

很多/少許

mult/puţin

生氣/平靜

furios/calm

美/醜

frumos/urât

首/尾

început/sfârşit

大/小

mare/mic

明/暗

luminos/întunecat

兄弟/姐妹

frate/soră

乾淨/骯髒

curat/murdar

完整/缺失

complet/incomplet

白天/晚上

zi/noapte

死/生

mort/viu

寬/窄

lat/strâmt

可食用/非食用
comestibil/necomestibil

邪惡/善良
rău/prietenos

興奮/無聊
emoţionat/plictisit

胖/瘦
gras/slab

第一/最後
primul/ultimul

朋友/敵人
prieten/inamic

滿/空
plin/gol

硬/軟
tare/moale

重/輕
greu/uşor

餓/渴
foame/sete

生病/健康
bolnav/sănătos

非法/合法
ilegal/legal

聰明/愚笨
inteligent/stupid

左/右
stânga/drepta

近/遠
aproape/departe

新/舊
nou/uzat

沒有/有些
nimic/ceva

老/幼
bătrân/tânăr

開/關
pornit/oprit

打開/闔上
deschis/închis

安靜/吵鬧
încet/tare

富/窮
bogat/sărac

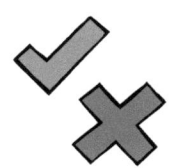

對/錯
corect/fals

粗糙/光滑
aspru/neted

傷心/高興
trist/fericit

短/長
lung/scurt

慢/快
încet/repede

濕/乾
ud/uscat

溫暖/涼爽
cald/rece

戰爭/和平
război/pace

0

零

zero

1

一

unu

2

二

doi

3

三

trei

4

四

patru

5

五

cinci

6

六

șase

7

七

șapte

8

八

opt

9

九

nouă

10

十

zece

11

十一

unsprezece

12
十二
douăsprezece

13
十三
treisprezece

14
十四
paisprezece

15
十五
cincisprezece

16
十六
șaisprezece

17
十七
șaptesprezece

18
十八
optsprezece

19
十九
nouăsprezece

20
二十
douăzeci

100
百
o sută

1.000
千
o mie

1.000.000
百萬
un milion

英語

engleză

美式英語

engleză americană

普通話

chineza mandarină

印地語

hindi

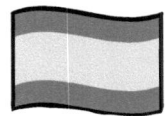

西班牙語

spaniolă

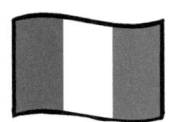

法語

franceză

阿拉伯語

arabă

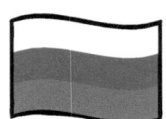

俄語

rusă

葡萄牙語

protugheză

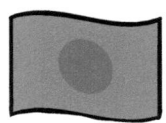

孟加拉語

bengaleză

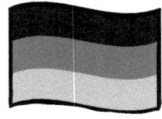

德語

germană

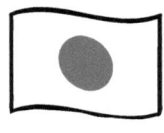

日語

japoneză

我

eu

你

tu

他/她/它

el/ea

我們

noi

你們

voi

他們

ea

誰？

cine?

什麼？

ce?

如何？

cum?

何處？

unde?

何時？

când?

名字

nume

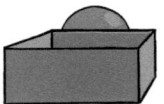

後面

în spate

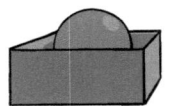

裡面

în

前面

înainte

上方

peste

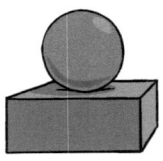

上面

pe

下麵

sub

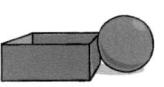

旁邊

lângă

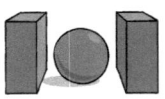

中間

între

地點

loc